80作以上のシリーズが制作され、セル・レンタルは50万本超え、
各配信サービスでもランキング上位にチャートイン。２年連続で地上波ドラマ化もされた。

この作品は、希薄になっていく人間社会に対して警鐘を鳴らすとともに、
物事が正しいか誤りか、善か悪かに分けられがちな現代に一石を投じた。

人の感情は白か黒かで塗りつぶせるものではなく、灰色の領域に生きるもの。
善と悪が入り交じる混沌の中にこそ我々の本質がある。
そして、ときには世間から誤りだと指弾されようと、
仲間とともに信じた道を突き進む覚悟が求められる。

氷室蓮司と田村悠人の旅は今年10年目を迎えた。
だが、まだ旅の途中。仲間は増え、彼らはさらなる旅を続ける。

この本は10周年を記念して制作された映画『氷室蓮司』にスポットライトを当て、
「日本統一」の魅力を伝えられるよう、シリーズ初のフォトブックとして企画された。

「日本統一」シリーズに携わる出演者・スタッフの情熱、
そしてシリーズを愛するあなたの熱狂に少しでも寄り添えるように——。

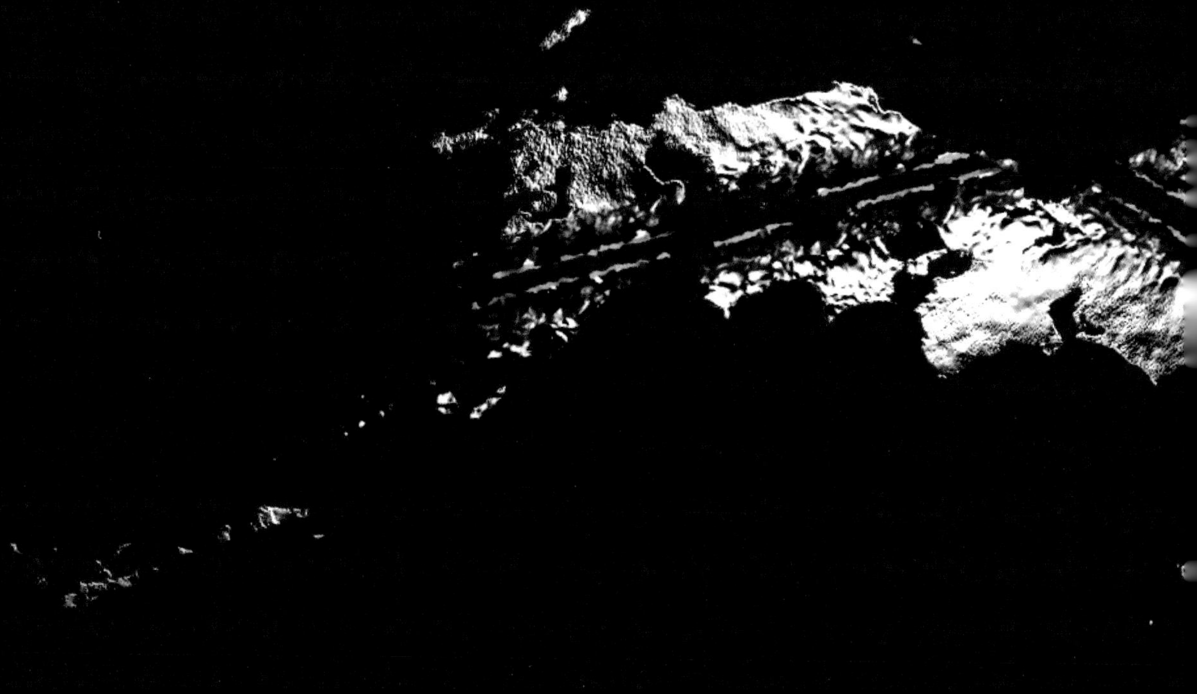

氷室蓮司 HIMURO RENJI

相関図

台湾の商人
篠原 将人

協力

監視

台湾警察

刑事
蔡 先勇

女性刑事
楊 愛玲

刑事
施 翔泰

刑事
陳 禹皓

刑事
葉 志明

侠和会本部長
田村 悠人

侠和会山崎組
石沢 勇将

侠和会川谷組
翁長 照邦

敵対

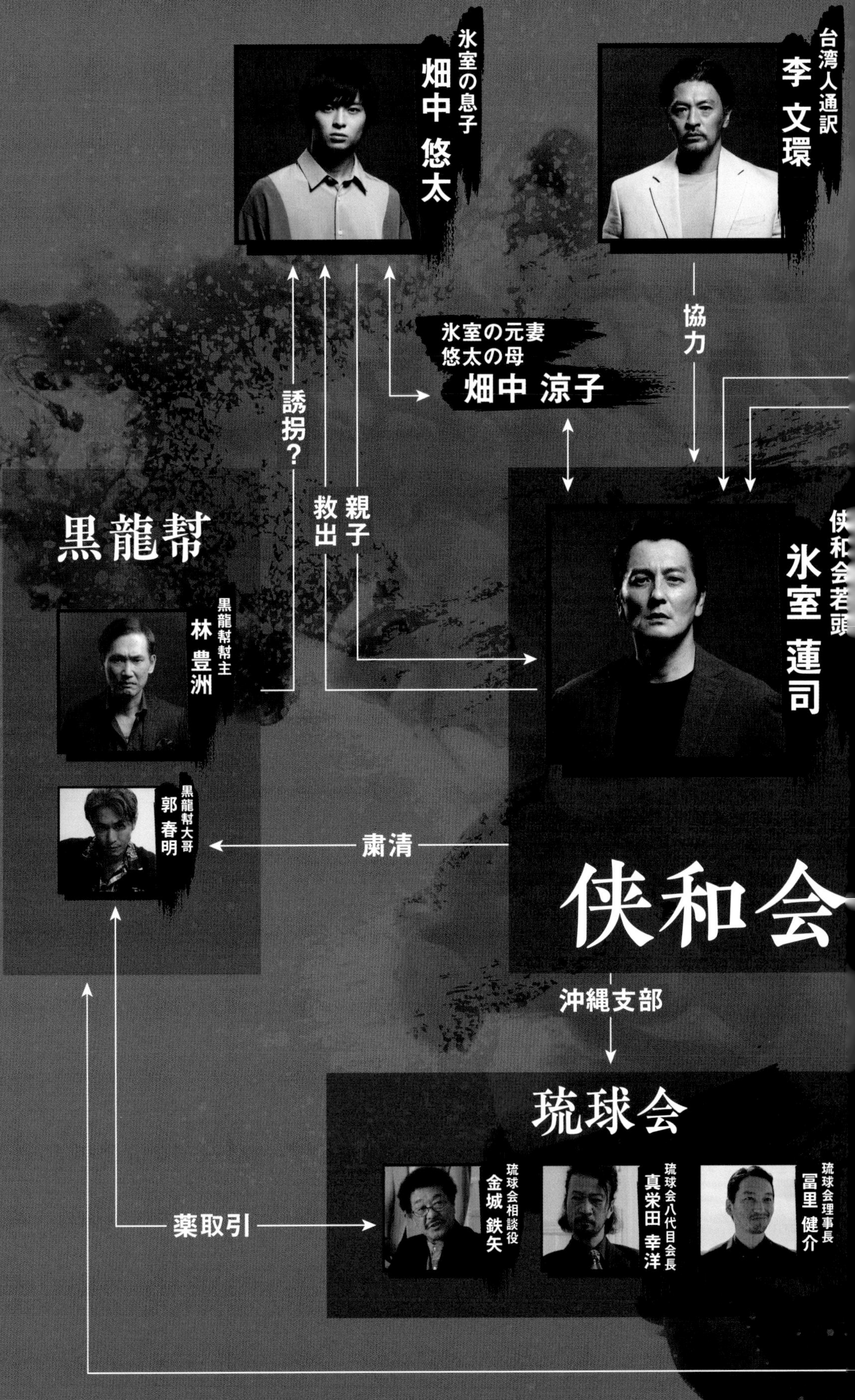

氷室の息子
畑中 悠太
台湾人通訳
李 文環
協力
氷室の元妻
悠太の母
畑中 涼子
誘拐?
親子
救出
黒龍幇
黒龍幇幇主
林 豊洲
黒龍幇大哥
郭 春明
粛清
侠和会若頭
氷室 蓮司
侠和会
沖縄支部
琉球会
琉球会相談役
金城 鉄矢
琉球会八代目会長
真栄田 幸洋
琉球会理事長
冨里 健介
薬取引

本宮泰風

山口祥行

special interview

Yoshiyuki Yamaguchi / Yasukaze Motomiya

映画『氷室蓮司』公開記念

「日本統一」スペシャル対談①

友であり仲間であり、役者の二人。
氷室蓮司と田村悠人。
戦友同士だからこそ語れる
「日本統一」の10年と、これから。

取材・文／小野田衛　撮影／藤本和典

これまで描き切れなかった
氷室の〝家族〟にフォーカスを

——映画『氷室蓮司』の劇場公開が迫ってきました。現在の心境は？

本宮　「日本統一」シリーズを海外で撮影するのは初めてのこと。全然いつもと違うロケーションの中で制作しました。はたしてそれがみなさんに受け入れてもらえるのか、そのあたりは少し不安だったりもしますね。

山口　今回の『氷室蓮司』は一体どういう作品なのか？　そう尋ねられたら、「極道モノ」「任侠映画」という答えにはなると思うんです。ただ、そういったバイオレンス部分にフォーカスしたストーリーでもないんですよ。観てくださるファンの方がそのあたりを好意的に解釈していただけるかどうかは、蓋を開けてみないとわからないというのが正直なところです。

——これまでの「日本統一」シリーズとは毛色が違うということですか？

本宮　そういうことになります。今までのレギュラーシリーズでは、氷室蓮司の奥さん、子供のことが描き切れていなかったところがあるんですね。若干、尻切れとんぼ感があると言いますか……。そういった家族周りの伏線を回収したいという想いが第一にありました。今回の作品では、最初の台本作りの段階からヤマも手伝ってくれたんですよ。

山口　ぶっちゃけた話をすると、「氷室蓮司のスピンオフを作ろう」ということになったとき、初めから乗り気だったのは鈴木祐介プロデューサーと辻裕之監督。逆に反対したのが泰風だったんです。

——なぜでしょうか？

山口　泰風からすると、氷室蓮司という男はまぎれもなく「日本統一」の主人公だし、シリーズをメインで引っ張る存在。それをアナザーストーリーみたいなかたちにすることに違和感があったらしいんです。たとえばこれが僕の演じる田村悠人や、小沢仁志さん演じる川谷雄一だったら、スピンオフや番外編の題材としてもうってつけなんですけどね。ましてや泰風はプロデューサーもこなす立場。シリーズ全体のバランスも考慮したんだと思う。

——なるほど。一理あります。

本宮　ただ、せっかくみんなが動いてくれているんだから、これをなんとかプラスにもっていきたいという気持ちもあったんです。だったら、レギュラーシリーズの中で回収できていなかった家族部分にスポットを当てるのはどうだろう？　それだったら、スピンオフを作る〝大義〟もできるんじゃないか？　そう考えたんですよね。実際、SNS上でも「氷室の嫁はどうなったんだ？　子供はなぜ出ない？」みたいな声が以前からありましたし。

山口　そこからの展開はすごく早かった！　まず鈴木プロデューサーが「韓国にしましょうか？　それとも台湾がいいですか？」って聞いてきたんです。なぜか最初から海外で撮ることが当たり前のようになっていて（笑）。

——海外撮影する必然性があった？

本宮　いやいや、たぶんそんな深い考えはないですよ。なんとなく海外がいいんじゃないかって急に思いついたんじゃないですかね（笑）。

——とはいうものの、慣れない環境での苦労もあったのでは？

本宮　単に「台湾を舞台に撮っています」ということでもなく、実際はスタッフの半分が現地の方だったんですよ。僕らは土地勘もないし、ロケハンの段階からかなりの部分を現地スタッフに頼らないと物事が進まないわけです。「郷に入ったら郷に従え」ということで、現地のシステムに沿って動かなくちゃいけない場面も多かったです。たとえば通常のシリーズなら、勝手知ったるスタッフなので、どんな過酷な状況でも対応してくれると思うんです。でも、それと同じことを現地のスタッフに要求したら、物理的に難しいのかもしれない。だけど作品を作る以上、なるべく妥協はしたくないじゃないですか。台湾側のスタッフを選ぶ段階から骨が折れました。

山口　泰風たちは台湾にロケハンだけでも2回行ってますからね。そのたびに円安が進んでいくものだから、こっちは溜め息が止まらなかった（笑）。

本宮　リアルな話、制作費にも大きく関わってくる話なんです。ロケハンの中で現地の制作会社と繋がりを作って、そこで衣装を安く借りる段取りを整えたりして……。とにかく台湾では、いろんな人に会っていました。

——本宮さんの場合、主人公を演じる役者というだけではなく、細かいお金周りのことなども実質的に責任を負う総合プロデューサーですからね。

山口　本当に大変だよ、この男は。ましてやそれを言葉も通じない外国でもやっているんだから。

本宮　常にマックスの状態だからね。「日本統一」に関わってから、余裕なんてできたことがない（笑）。

山口　外国での仕事って、コミュニケーションの部分で苦労することが多いんですよ。信頼関係がないと現場がスムーズに回らないですから。

「泰風のスター性は日本の枠に収まらず台湾のSNSでもバズっていた」（山口）

本宮　その点に関してはラッキーな出来事があって、僕とヤマは10年以上前に台湾で映画を撮影したんです。そのときに制作してくれた台湾人スタッフと向こうで偶然会って、「兄貴、手伝わせてくれ」という話になったんです。いろいろ運がよかったですね。

――言葉の問題も障壁になりました？

本宮　まず台本から、日本語と中国語の2種類を作る必要があって。監督からの演技指導にしても、通訳を入れなくてはいけない。演技のニュアンスを伝えるのって母国語でもかなり難しいので、通訳を誰にお願いするのかは慎重に検討しました。

山口　実際に撮影が始まっちゃえば、現場は和やかな雰囲気でしたけどね。めちゃくちゃスムーズだった。

本宮　僕らが台湾に行って撮影したあと、台湾人キャストも日本に来て撮影したんですよ。そのときは日本っぽいものを食べさせてあげたいなと思い、焼き鳥屋に連れていきました。

山口　苦労というわけじゃないけど、驚いたことはありました。撮影の中で〝雨降らし〟をしたんですけど、日本人の感覚からすると水の量が多すぎるんですよ。「台風じゃないんだから、そこまでしなくても……」と文化の違いを痛感しました（笑）。

何から観ていいのか迷ったら まずは映画版から入るべし！

――国内での人気を盤石なものにしつつある「日本統一」ですが、今後は海外進出の可能性もあるのでしょうか？

本宮　もちろんです。今回の映画も、まず台湾で先行上映します。ただ難しいのは、任侠作品の多くは極道社会の特殊な部分を意識して切り取っているんですよ。

――盃事、義理事、エンコ詰めみたいなことですかね。

本宮　はい。そういう一般社会とは異なるところが観る側には新鮮で、受けるポイントでもあるんです。だけど今回の『氷室蓮司』には、そういったオーソドックスな任侠映画の要素が少ない。でも「日本統一」は今までも多くのミラクルを起こしてきた作品なので、そこに懸けたい気持ちが強いです。

――このままグローバル展開が進めば、「日本統一」を超越して「世界統一」が実現するかもしれません。

山口　それが理想ですね（笑）。「日本統一」は特殊な極道社会というよりも普遍的な人間関係を主体に描いた作品ですから。より一般の方に受け入れられるように、より多くの人が楽しめるように……そこは意識しているポイントなんです。

本宮　それがどう出るかですよね。特に海外の人は、たとえば指を落とすようなエッジの利いた描写を好むかもしれないし、あるいは逆に任侠映画にしては一般性がある「日本統一」を、取っつきやすく感じるのかもしれない。

――今回の『氷室蓮司』は、劇場版としては昨年公開された『劇場版 山崎一門～日本統一～』に続く2作目となります。通常のオリジナルビデオシリーズと映画で異なる点は？

山口　役者としては、特に変えている点はないんですよ。それはビデオシリーズでも、映画でも、テレビドラマでも同じこと。ただコンプライアンス

規制が違うから、映画のほうが過激な描写は可能になります。

本宮　そうだね。たしかに表現の幅は広がるかな。

山口　それと通常のシリーズは、ずっと観てくれているファンの皆さんのことを意識しながら作っているんです。一方で映画は、何の予備知識がなくても理解できるようにしている。これだけ長寿シリーズになると「どこから観ていいのかわからない」という人もいると思うんですよね。「迷ったら、とりあえず映画から入ってみる」というのはお勧めかもしれません。

――そのほかに『氷室蓮司』の見所があれば教えてください。

山口　見所？　それはシンプルに本宮泰風さんがカッコいいところですよ！

本宮　ったく、ふざけんなよ！　からかいやがってよ～（笑）。

山口　アハハ！　でも最初のプロット段階から、監督とは「とにかく泰風がカッコいい作品にしよう」と話していました。そういえば驚いたことがあって、台湾の街で撮影していたら、その様子を隠し撮りされたんですよ。その動画が向こうのSNSで拡散されたんですけど、「誰だ、このオーラがある俳優は！」ってバズっちゃった。つまり泰風のカッコよさは、日本だけじゃ収まらなかったんです。

本宮　隠し撮り動画が出回るのはどうかと思うけど、結果的には映画の宣伝にもなったからいいか（笑）。

――それにしても「日本統一」は10年も続いており、オリジナルシリーズだけでも60作目に到達しました。今後は『男はつらいよ』や「北の国から」のように登場人物が老いと向き合う局面も出てくるかもしれませんね。

本宮　そこはもちろん考えていますよ。僕らも10年やっているので、その間は年を取る過程を晒しているわけですし、10年経てば普通は役職も変わるだろうし、今までにいないタイプの若手が出てきたり、いろんなことが起こるのが自然じゃないですか。社会全体も変化していくでしょうしね。そういった変化は、作品の中に反映させていきたいんです。

――「日本統一」では、「筋を通すことの尊さ」「男の痩せ我慢」といった令和の世で忘れられつつある任侠美学も描かれています。若い世代には、どう響いているのでしょうか？

本宮　そこは僕も不思議に思っているんですよ。自分は昭和の時代に育ったので、「人間は熱い想いを失ってはいけないんだ」という考え方が根本にあるんですね。だから「日本統一」の中でも、その点は色濃く打ち出しています。ところが、その考えが多くの人たちに受け入れられているにもかかわらず、実際の社会はどんどん逆方向に進んでいるじゃないですか。

――たしかに現実社会は拝金主義ばかりが目につきます。

本宮　だから、せめて「日本統一」では義理・人情を前面に出していきたいんです。現実がどうあろうとも。

山口　あと個人的に感じるのは、今の世の中ってハラスメントにすごく敏感になっていますよね。もちろんそれを正すことは大切ですが、でも任侠社会って、それこそがっつり縦社会なんですよ。とにかく上の人間が言うことが絶対。当事者の人たちからすると修行みたいな感覚だろうし、でもそういった厳しい環境の中でしかできない成長物語もあると俺は思うんですね。男が成長していく過程において、ときには理不尽な思いをすることも不可欠でしょうし。

本宮　このへんはご時世的にデリケートな問題だけど、「鉄拳制裁が本当にダメなのか？」という話にも繋がると思うんです。役の中でも舎弟が本当に危ない目に遭っていて、そいつを命懸けで助けようという覚悟を持っているなら、ときには殴ることも愛情表現に含まれるのかもしれない。暴力を推奨する気は一切ないですけど、人間が育っていく過程において、まったく厳しくされない環境というのは逆にいびつだと僕は感じるんです。

――最近は体育会系でも根性論廃止の動きが加速していますからね。

「僕とヤマの関係は若い頃から何ひとつとして変わっていない」（本宮）

本宮　今は、昔ながらの義理人情を持った昭和オヤジたちが嫌われて残っている。ではその人たちがいなくなったとき、社会はどうなっているのか？　実を言うと、「日本統一」はその部分に対しても警鐘を鳴らしているんですよね。

山口　突き詰めていくと、昭和の任侠道というのはサムライ的な美学から派生しているところもあると思うんですよ。武士はミスを犯したら腹を切るけど、ヤクザは指を詰めるわけで。もちろんヤクザを美化するわけではないですけど、日本人のDNA的にどこか共鳴するところはあるんでしょうね。

――お言葉ですが、現実のヤクザでは義理・人情という美学だけではやっていけない部分もあると思いますが。

本宮　それはわかっています。わかったうえで無視しているんですよ。何も考えずにただ映像化しようとしたら、物語としてのエンターテインメント性が限りなくゼロになってしまうので。シノギに関しても賭場を開くみたいなわかりやすいシチュエーションではなく、ひょっとするとスーツを着ながらひたすら電話の前で座っているだけの場面が続くなんてことになるかもしれない。それを観て楽しめるのか、という話ですよね。だから今まで任侠映画で大事に扱われてきた儀式的な要素も、僕らは無視しているんです。

山口　言ってしまえば、任侠ファンタジーですよね。若い頃は実録路線の作品に出たこともあったけど、そことは向かっている方向が違うので。

小沢仁志から命じられた “そこにいるだけでいい俳優”

――お2人が学生時代からの知り合いで、プライベートでも仲がいいことは存じ上げています。そのうえでお伺いしますが、“役者”として以前と変化したなと感じる点はありますか？

本宮　ヤマに関して言うなら、もう確実に変わりましたよ。

山口　そう？　自分では何も変わっていないと思うけどな。

本宮　いや、確実に変わった。昔は勢いだけで押し切るような役者だったんですよ。これは決して悪い意味ではなくて、普通の人では真似できない勢いを演技にぶつけられる人だったんです。だけど今は若い頃とは逆に、すごく緻密に演技をするようになった。

山口　まぁね。たしかに少しは考えてやるようにはなったかな。

本宮　役者にもいろんなタイプがいて、たとえば演劇畑出身の人って作り込んで演じるケースが多いんですよ。本（台本）をもらった段階から、パパパッて計算ができてしまうような感じで。今のヤマはその領域に近づいていて、瞬発的に計算ができる役者なんですね。これは大いなる進化ですよ。いい年の取り方をしていると思います。

山口　フフフ。ずいぶん今日は盛り立ててくれるねぇ。

本宮　正直、めちゃくちゃ頼りになりますよ。シリーズを一緒にやっていても、僕が忘れているような細かい繋がりとかも覚えていますし。一番安心して一緒に芝居ができる役者です。

――昔からの知り合いゆえに、共演しやすいという面もあるのですか？

本宮　もちろんそれも大きいですよ。

極端な例かもしれないけど、髪が薄い役者さんに向かってアドリブで「おい、ハゲ！」とか言いづらいじゃないですか。だけどプライベートでも髪型のことをいじれるような間柄だったら、遠慮なくツッコミができると思うんです。僕と彼の関係は、まさにそんな感じなんですよね。アクションをやっていても、「ケガさせたらどうしよう……」とか変に躊躇することがない。結果的に、信頼関係をもとに思い切ってやったほうがケガもしないですしね。僕からすると、安心感が段違いなんです。

――山口さんから見た、〝役者・本宮泰風〟の変化した点は？

山口 僕は、泰風が俳優になった瞬間から見てきているんですよ。

本宮 キャリア的には、全然ヤマのほうが先輩ですからね。

山口 若い頃は「本当にこいつ、俳優でやっていく気があるのかな？」と思っていました。なんというか、「役者なんてやってられるかよ」みたいな不貞腐れたオーラを発していたんです。

本宮 たしかにね。否定はしない。

山口 それが今ではどうですか？ いてもらわないと絶対に困る役者ですよ。俳優としては、小手先の器用な芝居で勝負するほうではないんですよね。それよりも「その場にいるだけで万事OK！」みたいなタイプ。要は存在感がズバ抜けているんですよ。気がついたら、観客の目は彼を追っている。カメラも彼を追っている……。

――言葉の壁を越えて、台湾女性をメロメロにしたくらいですからね。

本宮 勘弁してください！ その話はもういいですって（笑）。

山口 でも真面目な話、特別なオーラみたいなものは昔から感じていました。小沢仁志さんが昔からよく言っていたんですよ。「泰風は〝そこにいるだけでいい俳優〟になれ」って。

本宮 そうだね。小沢さんはその人の特性を見抜くのが上手なので。僕だけじゃなくて、ヤマに対しても「お前はこういう存在になるんだ」みたいなアドバイスをしていました。

――そういう小沢さん自身が、存在感に関しては圧倒的ですが。

山口 もはや人間レベルの存在感じゃないですからね、小沢さんは。

本宮 ジャンルとしては魔界というか、妖怪クラスの存在感（笑）。

山口 僕は、泰風が小沢さんの期待通りに進化していく過程を近くで見てきましたから。その点は、ちょっと感慨深いものがありますよ。

――プライベート面で変わったなと思う点は、お互いにありますか？

山口 まったく何も変わっていないですね、僕ら2人の関係は。

本宮 自分らでも驚くほど、若い頃と同じノリでつき合っています。

――失礼ですが、一緒にいて飽きることはないんですか？ 漫才コンビでも普段は連絡も取らないというケースは多いじゃないですか。

山口 まぁ、24時間ずっと一緒にいるわけでもないですしね。

本宮 飽きるってことはないですよ。たしかに普段から一緒にいることは多いけど、何か特別なことをやっているわけではないんです。うちに来て、ゴロゴロしているだけ（笑）。

山口 一緒にテレビを観て、たわいのない話をして……。ときには少し「日本統一」の話をしたりすることもありますけど。次回作の大まかな構想をそこで聞いたりとかして。

本宮 撮影と撮影の間に何時間か空きができると、みんな、そこで一度家に帰るか、あるいは別の用事をこなしたりするんですが、現場が近いときなんかは「じゃあ、ちょっとうちに寄る？」とか言って、家で休みながらゴロゴロしていますよ（笑）。

――さすがに仲がよすぎです（笑）。

山口 正月も用事がなかったら、大抵は泰風の家にお邪魔しています。

本宮 僕の嫁（松本明子）も当たり前のように彼を受け入れているんですよ。「ヤマちゃん、ごはん何食べたい？」みたいな感じで。子供も小さい頃からヤマに遊んでもらっていますし。むしろ、いるのが自然な状態（笑）。

山口　僕のほうは彼女が変わるとその相談に乗ってもらっていました。そうすると「大丈夫なのか、その子は？　一度くらい会わせろよ」なんて言われてね（笑）。

――非常に興味深いですね。

本宮　ヤマは基本的に人がいいんですよ。逆に僕は疑ってかかるほうなので、男女問わず知らない人間に対しては「大丈夫なの？」って心配する気持ちがどうしても出てきちゃう。

山口　ただですね……そういう意味で言うと、最近の泰風は僕だけじゃなくて、若い奴らをフックアップしてあげることが多いんです。まさに氷室蓮司みたいなことになっていて。中間管理職的な部分を感じますね。

山崎一門の関係性は作品でもプライベートでも変わらない

――10年も続けてきたら、氷室という役が私生活の本宮さんに乗り移るという現象が起こるんですかね。

山口　昔から面倒見のいいタイプではあったんですけどね。草野球チームでもキャプテンをやっていましたし。ここに来て、それがますます強くなっているところはあるかも。俺なんかは、逆に後輩から面倒を見られるようになっているけど（笑）。

本宮　でも、それって別に悪いことじゃないと思うんです。後輩が何かしてあげたくなるような先輩ってことですから。うらやましいですよ。

山口　若干、俺からするとジェラシーの気持ちもあるんです。前の泰風は俺の面倒ばかり見てくれていたのに、最近はみんなの面倒を見る存在になってしまったから。「お前、最近は俺のことを少し疎かにしているんじゃねぇのか？」って調子で（笑）。

――しかし、そうなってくると氷室蓮司と本宮泰風の境界線がいよいよ曖昧になってくる印象があります。

本宮　基本的に山崎一門のメンバーというのは、プライベートでも仲がいい連中なんですよ。つまり普段の関係性をそのまま作品に反映させているんです。それから氷室蓮司というのは、僕が「こういう男でありたい」と憧れる一種の理想形。方向性は違うけど、田村悠人も同様に男としての理想のかたちですね。だからシリーズでの役柄と実際の僕らの関係性が似ているというのは、ある意味では当然の話。カメラが回っていないときも様子が変わることもないですし、そこにビックリする人は意外と多いですよ。

――改めて特別な作品ですね。でも、だからこそ自然で熱の入った演技ができるのかもしれません。では、最後に今回の映画作品『氷室蓮司』の見所をビシッと教えてください。

山口　極道という限られた世界の話だけでなく、一般の人だって誰もが生活の中で葛藤することはあるはずです。ときには1人で解決しなくちゃいけない問題が立ちはだかってくるでしょう。そういう中で、どうやって自分なりに筋を通していくのか？　どうやって戦っていくのか？　そういうエッセンスがこの作品には入っている。そのあたりに注目していただけたら、より深く作品の面白さが伝わると思います。

――切った張っただけではない、ヒューマンドラマとしての魅力が「日本統一」の特徴ですからね。

山口　これまで応援してきてくれた「日本統一」ファンの方々に対しては、ようやく氷室蓮司の伏線が回収できるから、そこを楽しみにしてほしいです。

――本宮さんは、いかがですか？

本宮　実はこの映画作品は「日本統一」10周年プロジェクトの第1弾なんですよ。ここから第2弾、第3弾と続いていくんです。

山口　えっ、そうだったの⁉　その話、俺は初めて聞いたよ（笑）。ちなみに10周年プロジェクト第2弾は何？

本宮　『氷室蓮司』のコミック化なんだけどね。これは映画の直前に単行本1巻が出る予定。このインタビューが載っているビジュアルフォトブックもその一環です。いずれにせよ10周年プロジェクトはこれからどんどん発表され、それは20年目まで続きます！　そこで20周年プロジェクトが新たにスタートするという壮大な構想。

山口　何だ、それ！　そんなの記念でもなんでもないじゃんかよ（笑）。

本宮　いいの、いいの。「日本統一」は常に「●周年記念」と祝い続けるシステムを採用しているので（笑）。

――でも、改めて10年続けるって大変なことだと思います。しかも作品本数が尋常ではないですし。

山口　いや、でも振り返ると大変な時期もたくさんありましたよ。

本宮　ドラマ化が決まったときは、ヤバかったですね。毎回、「本当に間に合うのか？」と焦っていました。台湾での撮影中でも、ホテルの部屋にこもって脚本を書いたりしていましたし。こんな骨身を削った作品作りを続けていたら、ぼちぼち僕も死んでしまうかもしれない（苦笑）。

山口　いや、ダメだ。世間がそれを許さない。悪いけど泰風には血ヘドを吐きながら頑張ってもらおうか（笑）。

special interview

Yoshiyuki Yamaguchi / Yasukaze Motomiya

スタイリスト／荒川小百合　ヘアメイク／坂口佳那恵

movie photography

Renji Himuro

氷室 HIMURO RENJI 蓮司

撮影／三宅英文

氷室蓮司

Renji Himuro

本宮泰風

Profile

Yasukaze Motomiya

1972年2月7日生まれ。東京都出身。
1994年にデビュー。その後、映画・ドラマなど多数出演する中、大ヒットシリーズ「日本統一」('13～)では、主演・総合プロデュースの二刀流で活躍。主な出演作品に、映画『バイプレイヤーズ』('21)、『ベイビーわるきゅーれ』('21)、NHK大河ドラマ『麒麟がくる』('20)、連続テレビ小説『ちむどんどん』('22)等がある。2024年には、2時間スペシャル×劇場映画×連続ドラマにもなる『鬼平犯科帳』で筆頭与力・佐嶋忠介を演じる。

九龍

田村悠人

Yuto Tamura

山口祥行

Profile

Yoshiyuki Yamaguchi

1971年8月6日生まれ。東京都出身。
ジャパンアクションクラブ出身。2017年ジャパンアクションアワードベストアクション男優・最優秀賞受賞。主な出演作品に、映画『覇王』シリーズ（'16-'17）、『アウトレイジ最終章』（'17）、『罪の声』（'20）、『BAD CITY』（'22）等。ドラマ『駐在刑事』シリーズ（'14、'18-）、『鎌倉殿の13人』（'22）『ファーストペンギン！』（'22）等、ゲーム『龍が如く7外伝 名を消した男』（'23）等。「日本統一」は本宮泰風とW主演で、第1作目より出演している。

石沢勇将

Yusho Ishizawa

本田広登

Profile

Hiroto Honda

1976年10月7日生まれ。千葉県出身。
オラオラ系ファッションブランド「ソウルジャパン」や、「MAD☆STAR」の専属モデル、雑誌「チャンプロード」のレギュラーモデルを務め、東京ボーイズコレクションに出演。2013年より『日本統一』にレギュラー出演。石沢勇将役を務め「日本統一外伝 山崎一門6～神戸電撃作戦～」（'22）で初主演、2022年9月には山崎一門として「男の貧乏くじ」で歌手デビューを果たす。近年では、『劇場版 山崎一門～日本統一～』（'22）『静かなるドン』（'23）等に出演。

翁長照邦

Teruhuni Onaga

喜矢武 豊

Profile

Kyan Yutaka

1985年3月15日生まれ。B型。東京都出身。エアーバンド「ゴールデンボンバー」のギター担当。同バンドの代表曲「女々しくて」で紅白歌合戦に4年連続出場している。2013年頃から俳優としても活動を行っており、舞台「ふしぎ遊戯」「犬夜叉」等で主演を務めるほか、「日本統一」（'13～）「コウノドリ」（'17）「花のち晴れ～花男 Next Season～」（'19）等ドラマにも出演。

純手工
豬血糕
全台最大最好吃
咖哩綜合麵
甜不辣 大碗50
壽司屋

篠原将人

黒羽麻璃央

Profile

Kuroba Mario

1993年7月6日生まれ。AB型。宮城県出身。2010年に第23回ジュノン・スーパーボーイ・コンテストにて準グランプリ受賞。2012年にミュージカル「テニスの王子様」で俳優デビュー。その後、ミュージカル「刀剣乱舞」、「ロミオ＆ジュリエット」「エリザベート」、「るろうに剣心　京都編」「LUPIN ～カリオストロ伯爵夫人の秘密～」などの舞台で活躍。近年では「ウソ婚」('23)、「トリリオンゲーム」('23)、「夕暮れに、手をつなぐ」('23)、映画『最後まで行く』('23) など映像作品にも出演。

老爺素食
23

老爺素食
23
油條

畑中悠太

Yuta Hatanaka

山岡樹

Profile

Yamaoka Itsuki

2004年3月25日生まれ。静岡県出身。第34回ジュノン・スーパーボーイ・コンテスト ファイナリスト。NHK連続テレビ小説「ブギウギ」、CM 日本マクドナルド　グラコロ「ねぇ、グラコろ！」篇など多方面に活躍中。

BFU-0095

ATM68

蔡先勇

Tsai Shen Yon

呉昆達

Profile

Kun-Da Wu

1978年1月13日生まれ。台湾出身。
台北芸術大学演劇芸術学科大学院卒業。台湾で活動中の俳優。大学時代から演劇に関わり、2013年より演劇公演に参加。2017年に、テレビ映画『Time To Say Goodbye（英題）』で、第52回金鐘奨のミニシリーズ／テレビ映画部門の助演男優賞にノミネートされる。2023年には、ドラマ「On Our Way（英題）」で第6回アジアン・アカデミー・クリエイティブ・アワードの最優秀助演男優賞にノミネートされる。映画やドラマのみならず、ミュージックビデオや舞台など幅広く活躍中。近年では、ドラマシリーズ「返校」（'20）『運命のマッチアップ』（'19）等に出演。

楊愛玲

Yang Eileen

劉致妤

Profile

Shadow Liu

1978年10月10日生まれ。台湾出身。
1986年、7歳の時に映画『僵屍小子（原題）』（'86）に、ヒロインのテンテン役として主演。当作は日本で『キョンシーズ』のタイトルでビデオ発売され、『幽幻道士』のタイトルで放送されると瞬く間に大ブレイクし、一躍時の人となった。続編やテレビシリーズ『来来!キョンシーズ』（'88）も次々とヒット。日本語検定1級を持っており、台湾のみならず、日本でも活躍している。

刑

刑警

刑

陳禹皓

Chen Yuhao

白川祐平

Profile

Shirakawa Yuhei

1989年8月19日生まれ。台湾出身。
台湾でCMを中心に活躍する台湾系日本人俳優。2013年から2023年まで、「アリエール（P&G）」や「ウォーターオーブン ヘルシオ（SHARP）」など、300本以上のテレビCMやネットCMに出演。数多くのドラマにも出演しており、幅広い作風と役柄をこなしている。近年は映画界にも挑戦し、活躍の場を広げている。

施翔泰

Shi Xiang Tai

与座重理久

Profile

Yoza Eriku

1981年8月23日生まれ。沖縄県出身。2002年に俳優デビューし、2007年に特撮TVドラマ「ULTRASEVEN X」で主演を務め、2018年には中国映画『二战美食家』で主演を務める。中国語・台湾語を得意とし、テレビCMにも出演するなど、現在は台湾・中国・日本と活躍の場を広げている。主な出演作に、Vシネマ「ミナミの帝王 ヤング編 金貸し萬田銀次郎」('06)、台湾ドラマ「We Best Love 永遠の1位 (We Best Love)」('21) 等。

李文環

Lee Wenhuan

大谷主水

Profil

Otani Mond

元テコンドーの日本代表で、2006年に引退後、台湾で芸能活動を始める。日本や台湾でレギュラー番組を持ち、MCとしても活躍。映画やドラマのみならず、バラエティー番組などに出演し、台湾を拠点に幅広い分野のマルチタレントとして活動中。2020年には、日本人の番組司会者としては初の金鐘奨にノミネートされた。主な出演作に、『藁の楯』('13)『ママは日本へ嫁に行っちゃダメだと言うけれど。』('17) 等。

スタイリスト／荒川小百合　ヘアメイク／坂口佳那恵

新たな扉 黒羽麻璃央

special interview

Mario Kuroba

映画『氷室蓮司』公開記念

「日本統一」スペシャルインタビュー①

軽やかな空気感で、「日本統一」シリーズの世界に新たな息吹を与える新キャラクターを演じるのは、舞台・ドラマ・映画と様々な作品で存在感を示す気鋭の若手俳優・黒羽麻璃央。明朗なイメージの彼は、篠原将人。氷室蓮司／本宮泰風と出会ったことで、新たな扉を開くことに……。

文・取材／田口俊輔　撮影／後野順也

「日本統一」の世界観、空気にお邪魔できるのが嬉しかった

——出演が決まったときは、どのような想いでしたか？

黒羽　お話をいただく前から僕もタイトルはもちろん存じていましたし、何より事務所の社長やスタッフさんからよく「日本統一」が面白い！大好き！と、話を聞いていたんです。ただ、気になっていたものの触れる機会なく、無縁も無縁の世界だなと思っていたので、お声掛けをいただいた時は驚きました。昨年から30代に突入し、今まで以上に演技の幅も視野も広げるためにもこれは挑戦するべきだと思い、ぜひお願いしますと率直に伝えました。

——これまで、「任侠・ヤクザ映画」を、ご覧になったことは？

黒羽　いえ、触れる機会のなかったジャンルです。出演が決まり「日本統一」を一通り拝見し、台本を読んでみたところ、「なんで今まで勝手に蓋してきたんだろう？」と思うほど、すごく面白い。ヤクザの世界を描いているので、もちろん暴力的ではありますが、ヒューマンドラマが根底にあり、主役の氷室蓮司をはじめ、男が惚れるような男の生き方が描かれている。しかも、ただカッコよくて強いだけでなく、男

ならではのバカっぽさもある（笑）。ある種の〝漢のバイブル〟的要素が盛りだくさんで、それこそ10代の頃に触れていたらきっとマネしたくなっていただろうなあって。この世界観、空気感に僕も参入できるんだと考えた瞬間、ものすごく嬉しくなりました。

――10年にわたるシリーズの中に、新たな存在として飛び込むのはプレッシャーではありませんでしたか？

黒羽　もちろん「上手く演じられるか？」という緊張感はありましたが、自分の演技が「日本統一」の作品世界にそぐわなかったらどうしよう？という不安やプレッシャーはありませんでした。素直に、未経験ジャンルへの挑戦の胸躍る気持ちと、10年の歴史へのリスペクトを持ちつつ、まだこの歳になって初心へと帰れる現場に出会えることへのありがたみを感じました。

何も考えず自然体で演じた〝愛すべきバカなヤツ〟篠原将人

――黒羽さん演じる篠原将人は、元半グレにして、現在は台湾にて情報屋・便利屋として生きている男です。台本に目を通した際、篠原というキャラクターからどういう印象を得ましたか？

黒羽　脚本を読んで、「こんなお調子者、いるよね」という印象を抱きました。とにかく明るく常に軽口をたたくようなヤツで。しかもいざ活躍するぞ！と行動した途端、すぐにダメになっちゃう（笑）。ただ氷室に対しては尊敬と憧れの念を抱いていて、「氷室さんのためなら頑張れる」という熱い想いが根っこにある。一言で言うと「愛すべきバカなヤツ」ですね。

――篠原をどのように演じていこうと考えましたか？

黒羽　台本を最初に読んだ時に感じた、篠原の〝軽さ〟を活かしていけたらなと思いました。なんと言いますか……とにかく明るい人柄の人間っていますよね。僕も軽い人間の方なんですけど、質量の軽さと言いますか（笑）。〝軽薄〟ではないながらも、中身が軽い人間だなって。それに本宮さん／氷室がとてつもなく重厚な存在で、対峙したときに、「真逆のタイプの人間だったらおもしろいよな」という意識で演じていたらスッと篠原らしさが出てきた気がします。

――確かに『氷室蓮司』は重厚なテーマゆえダークな場面が多い中で、篠原が登場すると場面の空気がフッと軽くなる印象を受けました。劇中で篠原は過去に氷室と侠和会に対し深い因縁があると示唆されつつ、その背景を深くは語られていません。そうしたバックグラウンドを含め、篠原という存在にどのような深みをもたせていこうと形作っていきましたか？

黒羽　氷室のことを劇中で「スーパースター」と形容しているように、篠原にとって憧れでありながら手の届かない遠い存在だというのが伝わってきて、僕の本宮さんへの憧れをそのまま活かせるかな？とは考えました。ただ、僕個人が役作りというものに対して、いろいろと考え方がまとまっていないので、深みが出たかどうか……。

――演じるのに苦労された？

黒羽　いえ、それがむしろ逆で、スンナリと演じられました。……そういえば、先ほど本宮さんから、「篠原は黒羽くんを見て、勉強して、イメージしてキャラクターを作り上げた」と言っていただけたんですよ。

――なんと、篠原はアテ書きだったんですか！

黒羽　アテ書きというのでしょうか……？　確かに篠原っぽい部分はありつつ、僕としてはそこまで、お調子者だとは思っていなかったので、聞いたときはビックリしました。ただ、本宮さんの目からは僕がそう見えていたということですよね？　けど、近くて遠い気も……これは、僕の中の〝『氷室蓮司』七不思議〟のひとつです（笑）。

――アハハ。本宮さん、辻裕之監督からの指導はありましたか？

黒羽　特になかったと記憶しています。そもそも現場では芝居の話自体、そこまでなかったんです。役のイメージが固まっていたので、あとは一緒にお芝居を重ねていきながらチューニングし、良い塩梅を探していくうちに、とんとんと撮影が進んでいきました。

――むしろ本宮さんとはどういった会話が多かったのですか？

黒羽　そうですねえ……野球の話とか（笑）。

――黒羽さんも本宮さんも野球がお好きですもんね（笑）。

黒羽　あとは、日常会話やご飯の話とか、あまりにも普通の会話過ぎる会話でした。先輩後輩の間柄ではありますが、一緒に甘いものやごぼうチップスを食べたり梅ジュースを飲んだりと、演じている時間以外はもう穏やかな時間が流れていたんです。今思い返すと、この優しい空気感が、篠原の〝軽さ〟を演じるうえで助けになっていたのかなって。あとはやはり本宮さんに対してリスペクトの部分が大きいのもプラスになりました。「かっこいいな！」とか「すげえな！」という、僕が抱く本宮さんへの想いが、自然にそのまま篠原の氷室への憧れや行動に強く反映されたことで、より深みに繋がった気がします。

――黒羽さんに向けて書かれた役という大きな面もありつつ、実際の黒羽さんと本宮さんの関係も演技に反映されたことが、より篠原の味を引き出した。

黒羽　そうですね。ひたすら、「篠原ってこういうイメージだよな」という考えのもと動き続け、本宮さんへの憧れをそのまま出していたら、自然に役を掘り下げていました。この数年で一番何も考えずにスーッと演じられた役かも。正直あまりに篠原の時の僕が自然体すぎて、怖くなるぐらいでした(笑)。

本宮さんのポケットから お菓子が出てきてギャップ萌え

――では、座長にしてプロデューサー、そして尊敬する先輩である本宮泰風さんについてのお話を。お会いするまでどういう印象でした?

黒羽　いやあ、大変失礼な話ですが、メチャメチャ怖かった（苦笑）。ネットで調べると、ご活躍と同じぐらいに「芸能界ケンカ最強」という言葉が出てくるので、「超怖い！ 撮影中にNG出したら何されるんだろう……」と、不安がよぎっていたんです。それが、いざお会いしたら、メチャクチャ優しく、気さくで愛あふれている方でホッとしました。普段からドシッと構え、ただ立っているだけで人生の厚みを発していらっしゃる。その姿がとにかくカッコよく、憧れの眼差しを送っていましたね。あと超個人的な話ですが、味覚や好きな食べ物が僕と似ていたんです。それがとても嬉しいなあって（照笑）。

――（笑）。本宮さんの演技は、黒羽さんの目にどのように映りましたか?

黒羽　まだ氷室と篠原という関係でしか演技のやりとりはありませんが、人柄と同じように、役に厚みを感じる芝居をされるなあと勝手ながら思いました。氷室蓮司という存在を成り立たせる、発声から一つ一つの振る舞いの説得力のすさまじさ。ここまで氷室蓮司という役柄を、本当に実在する人物のように演じられるのか!?という驚きがありました。また現場ではプロデューサーとして、僕たちに自由にお芝居をやらせてくれる空気を作ってくださって。一緒の時間を過ごすたびに、本宮さんへの憧れの気持ちがひたすらに湧いていました。

――撮影外の時間で、本宮さんと時間を共にする中で印象に残った出来事はありますか?

黒羽　本宮さんのポケットの中にハイチュウが入っていたのが、なぜかとても印象深かった（笑）。休憩中、本宮さんはいつもコーラを飲んでいらして、ある時ポケットに手を入れたと思ったら、「ハイチュウ、いるか?」って差し出してくださったんです。いやあ、しびれましたよ、この瞬間は。だって、あれだけ人としても役者としてもカッコイイ方がハイチュウ食べているんですよ!? しかも僕にくれようとしてくれた。これはスゴイこと。「これが世にいう〝ギャップ萌え〟というものか……可愛い」と、失礼な想いが芽生えてしまいました（笑）。

――ステキな発見(笑)。初のチーム「日本統一」での撮影はいかがでした?

黒羽　台湾で5日間、日本で2日間の計7日間の撮影だったのですが、とにかく撮影のスピードが速い現場でした。例えば、1シーンの段取りをしているうちに、気づいたら撮り終えていたという瞬間がいくつもあって。まるで使うカットやシーンを完璧に把握していて、全て決め打ちで撮っているかのように進行していくんですよ。僕が経験してきた現場の二、三倍の速度で現場が動くので、「これが10年続く作品の力なんだ、積み重ねた経験がムダを一切生まない撮影にするんだ……スゲー!!」って驚きっぱなしでした。これだけ小気味いいテンポ感で進む現場は初めてです。ただ、流れるように進んでいくので、頑張ってセリフを覚えたのに一瞬で撮影が終わってしまい、「もう少しやってもいいのに、ちょっと寂しいなあ」って思っていました（笑）。

『氷室蓮司』での経験は僕の役者人生の新たな一歩になった

――篠原の出演シーンは台湾での撮影が多かったようですが、これまで海外ロケの経験はありましたか?

黒羽　何度もありますし、実は仕事で一番と言っていいほど台湾には来ていて、毎回温かい雰囲気が溢れている国なのでホッとします。ただ、今回の撮影地と泊まった場所がとても台湾を強く感じるディープな場所で、いつもの撮影では感じない刺激的な空気が流れていました。面白かったのは、空き時間に散歩していたら、電化製品店とスポーツ量販店が合体したようなお店を発見して。店内に入ると卓球台があったのでマネージャーさんと一緒に遊んでいたところ、現地の男の子が交ざりたそうに僕らをジッと見ていて。最終的に「やる?」と誘い、その子と一緒に卓球で遊びました。

――なんと平和なエピソード!

黒羽　本当に。その時に、「戦争なんかなくなればいいな」って思いました。人と人が争い合うって、なんと愚かなんだろう。平和はこんな身近にあるのに……って。

――ある種、平和を築くために動く氷室たちの理念に通じる体験ですね。今作では中国語での演技もありました。だいぶガイド音声を聞きこんで勉強されたとうかがっています。

黒羽　いやあ、難しかった。しかも、最初にいただいた音声データと、カタカナのフリガナが違っていて。台湾に着き、ホテルでみなさんに挨拶して「さあ、練習しようか」となったとき、「あれ、違う?」と発覚し、また一から頑張りなおす結果に（苦笑）。僕はあまり海外志向のない人間なのですが、このときだけは「外国語を勉強しておけば……」と、強く思いましたね。

――現場で印象に残った瞬間はありましたか?

黒羽　全く演技の話ではないのですが、助監督の頭の上に僕の手のひらサイズのゴキブリが止まっているのを発見してしまった瞬間です。撮影前から現場周辺にコウモリみたいなのが飛んでいて、「鳥類の動きじゃないな、なんだろう?」と気になっていたんです。撮影道具を組みなおす最中、その物体が助監督の頭にピタッと止まったので、よくよく見てみるとゴキブリ、なんなら〝シン・ゴキブリ〟と例えたくなるデカさで、愕然としました（笑）。伝えようにも助監督が驚いたらどうしよう!?と躊躇していたら、他の人も気づき現場はちょっとしたパニック状態になっていました（苦笑）。これは日本では体験しえないものでしたね。

――まさか生き物で世界規模を体験するとは（笑）。台湾撮影チームはいかがでした?

黒羽　スゴかったですね。特に打ち上げがスゴくて、一次会からカラオケ大会がスタートしたんですよ。たぶんですが、台湾の人たちは打ち上げでカラオケするのが恒例行事というか儀式になっているんでしょうね。台湾チーム全員でご飯食べながらの大熱唱、途中からは地獄絵図のごとく盛り上がりを見せていました。あまりの熱狂ぶりに、僕ら日本チームはその光景をひたすら見守るしかできなくて。本宮さんなんか「アイツら、ヤベーな!」ってずっと笑っていましたから（笑）。劇中では氷室が台湾で大暴れですが、打ち上げでは完全に台湾チームに飲まれていました。

――アハハ。こうして思い返すと、濃く学びに溢れた7日間だったのではないでしょうか。

黒羽　本当にそうですね。撮影中、撮影外、全てが刺激的、濃い日々でした。

――今回限りで終わるのがもったいない存在です。外伝という形で山崎一門の物語が誕生したように、篠原の次も期待したくなりました。

黒羽　そう言っていただけて嬉しい。篠原の次の物語は僕の一存では決められませんが、確かにたくさん匂わせての退場だったし、いくらでも掘り下げられる存在ですからね。何よりあれだけカッコつけたのに、氷室からしてみれば小指程度の働きでしたから。ご覧になったみなさまの声次第では何かあるのでは……（笑）。

――篠原将人という存在を演じたことが、今後の黒羽さんの役者人生にとってどういう形になっていけばいいなと思われますか?

黒羽　まず、10年という長きにわたる作品に携われたことは、自分の人生・経歴の中で誇らしいものになりました。そして、漢の世界を描いたジャンルを初めて経験できたことで、新たな一歩を踏み出せた大事な作品にもなりました。ヒロイックさもありつつ、ただの善人ではない篠原という存在がまた面白い要素を加えてくれたと思います。……そういえば、僕が30歳を迎えて初の映画現場がこの『氷室蓮司』だったんですよ。ステキな男性陣に囲まれ、良い男性ホルモンをいただけたので、これを機に30代の僕の役者人生は相当面白くなってくれるはず。

スタイリスト／ホカリキュウ　ヘアメイク／有村美咲

刑案現場禁止進入

005
AGL-7810

撮影／大蔵俊介

氷室蓮司の息子役を演じて 山岡樹

special interview

Itsuki Yamaoka

映画『氷室蓮司』公開記念

「日本統一」スペシャルインタビュー②

第34回ジュノン・スーパーボーイ・コンテストファイナリスト、NHK連続テレビ小説「ブギウギ」に出演するなど今注目の若手俳優が体当たりで演じた「日本統一」。氷室蓮司の息子「悠太」役として向き合った本音とは。

文・取材／小野田衛　撮影／後野順也

あまりにも自分の実人生とかけ離れていたので困惑した

――映画『氷室蓮司』において、山岡さんは氷室の息子・悠太という非常に重要な役を担当しています。振り返ってみて、いかがでしたか？

山岡　僕の出番に関して言うと、撮影したのは去年の8月なんですよ。でも感覚としては、ずいぶん昔のことに感じます。それほど長くない撮影期間の間に、大きく前進できたという手応えがあったんですね。ひとつの役について今回ほど深く考えたことはなかったし、お芝居に対する考え方も確実に変わりました。いろんな意味で、自分にとって『氷室蓮司』の撮影はすごく大きな経験になったと思います。

――これまでのキャリアの中で、任侠作品は経験がなかったですよね。戸惑ったことも多かったのでは？

山岡　今まで踏み入れたことがないジャンルだったからこそ、新たに吸収できたことが多かったです。たしかに最初はわからないことが多くて不安でしたけど、辻（裕之）監督や本宮（泰風）さんが丁寧にアドバイスしてくださったので。立ち位置、目線、喋り方……本当に参考になりました。撮影中のサポートがありがたかったです。

――監督だけでなく、本宮さんからも。どんなアドバイスをもらいましたか？

山岡　すごく印象的だったのは、自分の目の前で氷室……つまり父親が殺されそうになる場面があるんですけど、そのときの表情に関する話です。「想像してみて。自分の父親が死ぬんだよ？」って本宮さんから言われて、ハッとしたんですよ。自分が用意していたお芝居では弱かったというか、もっと大袈裟なくらいの表情をしないと観てくださる方に伝わらないと気づきまして。現場で本宮さんからアドバイスをいただいた瞬間、僕の演技もガラッと変わりました。「自分の親が目の前で殺されかけている」という意識を強く持つことで、やっぱり表現の部分がまったく違ってきたんですよね。

――演技的な面では、悠太って意外に難しい役どころだと思うんです。ずっと椅子に縛り付けられている軟禁状態だから、動きも制限されますし。

山岡　そうなんです。そもそも〝陰のあるヤクザの息子〟という設定部分からして、僕のリアルな人生とはかけ離れていますので。ごく普通の家庭で育った僕には、悠太の葛藤とか複雑な想いとかがピンと来ない部分があるんですよね。そこの部分は「父に対して、どんな気持ちで向き合っているんだろう？」と想像力を膨らませました。

――なるほど。説得力を出すのに苦労されたわけですね。

山岡　動きが制限される難しさというのもご指摘の通りで、ちょっとした身体の動きだけで緊迫感を出さないといけなくて。恐怖の表情を浮かべながら下半身だけビクッと動かしたりとか、捕まった立場ならではの緊迫感を頑張って出すようにしました。

――共演した人たちから刺激を受けることもありましたか？

山岡　たくさんありました。僕は基本的に縛られて身動きができない立場だけど、目の前で迫力ある殴り合いのアクションシーンが繰り広げられているわけじゃないですか。みなさん実力のある方ばかりなので、迫力がすごいんです。本当に圧倒されました。それで思ったのは、今度は拘束される側ではなく、自分もアクションする側に回りたいなということ。「男らしさ」とか「力強さ」みたいなカッコよさに対する憧れが今はあるんですよね。

――フェミニンなイメージは山岡さんの魅力だと思いますが。

山岡　そう言っていただけるのはありがたいですけど、ちょっと弱々しく見えるかなって自分でも思うんです（苦笑）。やっぱりお芝居をやるうえで、パワフルな男らしさも打ち出していきたいんですよね。そうしたら、演じられる役の幅も広がるでしょうし。そういう意味でも、今回の映画出演は自分にとって刺激になりました。これからは迫力あるアクションシーンも積極的にやっていきたいと考えています。

――今回が映画は初出演ということですが、今まで関わってきたテレビドラマとの違いは感じましたか？

山岡　う〜ん、どうだろう……。感覚としては、進行がいつもの現場よりも早く感じたかもしれないです。

――意外ですね。一般的に映画のほうがドラマよりも時間をじっくりかけるイメージがありますから。

山岡　僕もそこまでたくさんの現場を経験したわけではないので、偉そうなことは言えないのですが……。でも実際、撮影はすごくスピーディーに進みましたよ。これまで僕が出演させていただいた作品に比べると出演シーンも多いんですけど、それでもあっという間に終わったなというのが正直な感想です。それだけ役に入り込むことができたということなのかもしれません。

――クランクイン後、実際の撮影現場はどんな雰囲気でしたか？

山岡　まず僕自身が最初からガチガチに緊張していたので、そんな様子を見かねた周りのみなさんがものすごく親切に接してくれました。あと自分が出ていない場面でも、撮影現場を見学させていただいたんですよ。

――それは勉強のためですか？

山岡　そうです、そうです。たとえば台湾ではワンシーンしか僕の出番がなかったんですけど、滞在期間はずっと撮影の様子を見ていました。「お邪魔じゃなければ、ぜひ見学させていただきたいです」ってお願いし、承諾していただいて。勉強になることがめちゃくちゃありましたね。

――自分の仕事が終わったからといって、観光する気分ではなかった？

山岡　というより、台湾のいろんな場所での撮影に同行するのも一種の観光みたいなものなので。僕は海外に行くのが初めてだったのですが、忘れられない思い出になりました。冷静に振り返ってみても、２０２３年の中で一番濃厚な時間は台湾での数日間だったと思うんです。本当にお仕事をするうえで学びがたくさんありました。セリフの言い回しにしても、わずかな表情の変化にしても、すごく見ていて気づきがあったと言いますか……。

――向学心がありますね。

山岡　パワーのあるお芝居が自分の課題だなって、この作品の撮影で強く感じたんですよ。逆に言うと、今までの自分は迫力不足だったなって。要は自分の課題が見つかった作品だったと思います。改めて自分がこの作品に関われたことに感謝しています。

——「日本統一」シリーズは気心の知れたスタッフ陣で制作され、現在は少なくなってきた昭和スタイルの打ち上げを行っていると伺っています。まだ19歳とズバ抜けて若い山岡さんは、その輪に入れたんですか？

山岡　台湾では打ち上げの場に参加させていただきました。みなさんはアルコールを飲まれていたのですが、僕は20歳前なので当然ソフトドリンク。それを手にしながら、みなさんの席にご挨拶に回らせていただきました。やっぱり最低限、そのへんはきちんとしないとマズいですから。気持ちとしては「いつか先輩たちとお酒が飲めるようになれたらいいな」と思いつつ、コーラを飲んでいましたね（笑）。でも、それもあと数か月の我慢……。20歳を迎える楽しみが増えました。

この映画を契機に親子関係を見つめ直していただけたら…

——「日本統一」は女性や若者からも人気なのですが、それってアウトロー作品としては非常に珍しいケースなんですね。山岡さんのようなZ世代の目からは、「日本統一」の世界観がどのように映っているんですか？

山岡　正直、最初に観たときは衝撃を受けました。拳銃を使って人が殺されるのが普通だし、とんでもない世界だなと。それは僕にこうした作品の免疫がなかったからでもあるんですけど、自分の同世代は僕以上に任侠作品に触れていないと思うんです。だけど触れていないからこそ、ショッキングな内容に興味を引き寄せられるということもあるんじゃないですかね。実際、僕自身がそうでしたから。

——食わず嫌いの面はあるかもしれませんね。ジャケットを見た時点で腰が引けちゃうというか。

山岡　それはあると思います。偏見を取っ払ってしまえば、エンタメ作品として普通に面白く観られるはずなんですけど。今回の映画にしても、自分が出ているからとか関係なしに、「これ面白いから観てみなよ」って友達に薦めたくなりますし。

——「山岡くんが出ているから観てみよう」と考える若い女性ファンもいると思います。ご自身が出演したことも「日本統一」のファン層拡大に一役買っているかもしれません。

山岡　だとしたら、そんなにうれしいことはありません。でも、本当に誰が観ても楽しめる内容だと思います。

——「義理・人情」「筋を通す」「男として生きる」といった昭和の任侠道はどのように感じましたか？

山岡　困っている人を助けるというシーンがたくさん出てくるので、いろいろ考えさせられました。やっぱりものすごく怖いイメージがありましたから。だけど「目の前に困っている人がいたら助ける」という行動自体は、ヤクザとか一般人とか関係なく、人間としてすごく正しいはずなので。たとえば今の僕だったら、困っている人から助けを求められても、実際は力不足で難しいことも多いと思うんです。誰かを助けるのは勇気も必要だし、なによりも力が必要ですよね。だから僕自身、強くなりたいと考えるようになりました。

——一見、悪に見られるものでも違う見方がある？

山岡　はい。でも、そんなことは「日本統一」に触れなかったら一生わからなかったと思います。任侠映画の彼らの中にも自分たちなりの正義があって、それに沿って行動しているんだなって。ヤクザって師弟関係とか人と人の絆がものすごく濃厚ですけど、その点も僕には新鮮に感じました。

——そのほか、この映画の見所があったら教えてください。

山岡　『氷室蓮司』は任侠作品であると同時に、「親子のあり方」というテーマも重要なんですね。映画を観ることで、自分の家族や身の回りの人間関係を見つめ直す機会にもなるんじゃないかと思います。僕も悠太を演じるにあたって、いろんなかたちの親子関係を知ろうとしたんですよ。というのもリアルな自分の父親と氷室蓮司があまりにも違うから、素のままでは悠太の雰囲気が出せないと思ったので。僕もちょっと前まで高校生でしたけど、その年齢だと思春期とか反抗期が付き物

じゃないですか。そこで親との関係を考えることも多いはずなんです。

――山岡さんにも反抗期があったんですか？ 想像できません。

山岡 いや、うちの場合は最初から父親に絶対勝てないと思っているので、反抗する気力すらありませんでした（笑）。というか優しく育ててくれたので、反抗するところがあまりなかったんですよね。僕の場合はすごく恵まれていましたけど、高校生世代ってどうしても家族に対して複雑な感情を持つことが多いじゃないですか。そういう若い人たちも、この映画は家族を考えるヒントになると思うんです。

――それはあるかもしれませんね。

山岡 僕らみたいな若い世代って、どうしても他人と自分を比べちゃうんです。それで「あいつに比べて、俺なんて……」とネガティブになったりして。この映画を観て自分なりに親との良好な関係を考えていただけたら、ものすごくうれしいですね。それと同時に親世代の人たちも、自分のお子さんとの関係について考えるきっかけになるんじゃないかなと思います。

――山岡さん自身も、親との関係を見直すきっかけになりましたか？

山岡 それはありましたね。親孝行したいと思いました。今の僕は東京で頑張っていますけど、ここに来るまではずいぶん支えてもらいましたから。今の僕にできる親孝行といえば、やっぱりたくさんお仕事すること。「仕事の報告を受けることが一番うれしい」と両親も言っていましたし。多くの作品に出演できるようになりたいです。

――今後のことをお伺いします。山岡さんの役者としてのキャリアはまだ始まったばかりですが、将来はどのように活動していきたいですか？

山岡 僕はジュノン・スーパーボーイ・コンテストのファイナリストに選ばれたことで今の道に進むことになったんですけど、もともとジュノンボーイを受けたきっかけは「仮面ライダー」シリーズが好きだったからなんです。そういった特撮作品に出るためにはアクションが必須だし、もっと男らしく身体作りから見直さなくちゃいけないと思っていて……。いずれにせよ、今の目標はヒーローとしてカッコよく振る舞えるようになることです。

――考えようによっては、特撮作品と任侠作品は似たところもあります。

山岡 リンクする点は多いですよね。身体を張ったアクションもあるし、正義のために戦う要素もあるし。なによりもパワフルで男っぽいところが共通しているんじゃないかな。今年は「肉体的にも精神的にも強くなる」というのを自分のテーマにしています。

――最後に「日本統一」ファンに向けてメッセージをお願いします。

山岡 伺った話だと、「日本統一」を好きな方から「そういえば氷室の息子の悠太ってどうなったんだ？」という問い合わせが結構あったらしいんですね。たぶんそれだけ気になっている方が大勢いたということなんでしょうけど。今回の映画でその疑問点がはっきりするというのが、昔から観てくださっている方にはポイントかなと思います。触れられなかった空白期間に、息子の悠太はどんなことを考えながら、どんな高校生に育ったのか？ 蓮司と悠太の今の関係はどうなっているのか？ それが台湾での事件の中でどのように変化していくのか？ 息子役を演じた僕としては、やっぱり氷室の親子関係に注目していただきたいです。現場で演じるときも、単なる高校生役ではなく、氷室の息子っぽく見えるように意識しましたし。

――今後も「日本統一」が15年、20年と順調に続いていけば、〝大人になった悠太〟として山岡さんの再登板もあるかもしれませんね。

山岡 そうなったら最高ですね。映画の物語的には事件が一段落したところで終わりますけど、蓮司も悠太も日本での生活は続いていくわけじゃないですか。だから僕も「今後、この親子関係はどうなっていくのかな？」と気になったところではあるんですよ。もしまた出演させていただけることがあれば、今度はもっと力強くなった悠太をお見せできればなと思います！

スタイリング／富田育子　ヘアメイク／澤田果歩

享樂地圖

21-100

Supreme

好松山
FXLION

氷室 HIMURO RENJI 蓮司 Making Shot

氷室蓮司 HIMURO RENJI Making Shot

監督脚本 辻裕之

プロデューサー 鈴木祐介

映画『氷室蓮司』公開記念

「日本統一」スペシャル対談②

「日本統一」の現場は独特だと知る人は言う。10年もの長きにわたる大作を生み出したその現場の空気感とは。そして、映画『氷室蓮司』公開を控え、任侠作品の枠を超えた唯一無二の「日本統一」路線を走る独自の戦略が明かされる。

文・取材／小野田衛　撮影／後野順也

組織の人間ではなく個人の氷室蓮司を描きたかった

——映画『氷室蓮司』制作を無事に終えた今、手応えや自信のほどをお聞かせください。

辻　今回の映画は、タイトルで「日本統一」と謳っていないんです。それもあって、シリーズを観たことのない人でも「日本統一」の世界に引き込まれるようにすることを目指していました。そういう点で言うと、当初の目標は達成できたという実感はありますね。

——タイトルに「日本統一」と入れなかったのは、人気シリーズ作品としてたしかに異例なことに感じます。

鈴木　それはですね、この作品が〝侠和会若頭としての氷室蓮司〟ではなく、〝一個人としての氷室蓮司〟を描いているからなんですよ。ご存知のように氷室蓮司は「日本統一」の主人公です。通常、こうしたスピンオフ作品は主人公以外のキャラクターにスポットを当てるケースが多いですよね。主人公がスピンオフ作品に出るというのは変化球かもしれないけど、その代わりに切り口を通常のシリーズとは変えている。「日本統一」というワードはパワフルだし、知名度もありますけど、ここで使ってしまうと通常シリーズとの差別化が難しくなるかなと。

——そんな意図があったんですね。

鈴木　スピンオフ作品ってそれ単品で面白いことに加えて、本編に戻ったときにより深みが出るのが理想だと思うんですよ。今回は辻監督を中心に、スタッフやキャスト全員が全力を出しきってくれました。ファンの方が本編シリーズを観るときもグッと深みが加わる、最高のスピンオフ映画ができたと自負しております。

——今回、辻さんは監督業だけでなく、脚本も書かれています。これはどういった経緯で決まったのですか？

辻　そこに触れる前に、まず自分と「日本統一」の関係から説明しますね。シリーズが始まった当初、俺は脚本家として作品に関わっていたんですよ。細かいことを言うと、4話目と5話目はペンネームで別名義を使っていますけど。そのあとは一度、「日本統一」の制作から離れました。そして久しぶりに現場に戻ってきたのが27話目。その空いた期間に「日本統一」は話の内容がだいぶ変わっていて、登場人物も俺の知らない人がいっぱい出るようになっていたんです。

——浦島太郎状態だった？

辻　そうそう。だから現場で役者本人に「えっと、お前と兄弟分ってどっちが上なんだっけ？」とか確認していたくらいで。もちろん自分が離れていた期間の作品も観返したんだけど、20作以上もあるから細かいところがわからなくなっちゃって（笑）。しかもこの「日本統一」というシリーズは（本宮）泰風とヤマちゃん（山口祥行）こそずっと通して出ていますけど、あとは出入りがすごく激しいんです。なにしろスタッフもみんな途中で入れ替わっているし、制作会社も何度か変更になっているくらいなので。だから急に「続き（の脚本）を書け」って言われても、誰をどう絡ませればいいのかがさっぱりわからない。

鈴木　やっぱりその問題はどうしたって出てきますよね。

辻　だから俺は復帰するにあたって、現場での演出だけを担当することにしました。脚本に関しては、引き続き村田（啓一郎）ちゃんに任せることになったんですよ。

――10年以上も続く人気シリーズならではの苦労ですね。

辻　そうやって数字がついている通常のナンバーシリーズは一貫して村田ちゃんが脚本を書いていたわけだけど、番外編の『日本統一外伝〜山崎一門3〜』のときに彼が本編で忙しくて書けないということになりましてね。それで俺に話が来たわけです。自分としても、本編とは主人公が違うスピンオフだったら対応できるんじゃないかと考えて引き受けました。今回も基本的には同じパターン。村田ちゃんは本編のほうで忙しいし、スピンオフということだったら脚本もいけると。

――脚本家が本編とは違うことで、スピンオフとしての差別化が図れたという面はありませんか？

鈴木　そこは少し複雑なところで、村田さんが脚本を書くと本宮さんの色がすごく出るんですよね。そして本宮さんは性格上、あまり自分が前に出ることを好まないタイプ。どちらかというと、裏方に回りたがるんです。主人公でいつも以上にスポットライトを浴びる立場なのに、それだと少し微妙な部分かもしれない。なので、辻さんにお願いしたという面はあります。

辻　でも実際に脚本を書くとなると、それはそれで大変な部分がありましたよ。縛りというか、お約束みたいなことが結構ありましたからね。

――縛りというのは？

辻　1本の映画の中で、いろんな要素を入れなくてはいけなかったんです。まず、しばらく出てこなかった息子との関係。台湾を舞台にしているから、そこで事件が起きる様々な必然性。そもそも日本統一という目標を掲げているけど、それは何のためなのか？ そのほかにも「こうしてほしい」といった要望が各所から寄せられて、整合性を取るのに苦労しました。

――たしかに今回の映画は立体的なストーリーに仕上がっています。

辻　そもそもこのプロジェクトは、言い出しっぺが山口祥行なんですよ。

――どういうことでしょうか？

辻　彼が演じているのは田村悠人。田村はすでにスピンオフで主人公になっている。そういった中で「俺もやったんだから、次は泰風じゃね？」とか言い出したんです。ヤマちゃん、俺、鈴木さんの3人は裏でコソコソそういった話を進めながら、「泰風には言わないでおこう」ということになったんです。そして案の定、泰風は最初に知ったときは渋っていました。

鈴木　反対していましたね（笑）。

辻　俺個人の考えとしては、ヤクザといっても人間だから、カミさんもいれば子供もいるだろうと。だから脚本を担当した最初の1話目から5話目のときに、恋人が出てきて、結婚して、子供が生まれて……みたいな展開は作っていたんですよ。

――シリーズ初期は、現在と作風がだいぶ違いました。

辻　ところがそこから紆余曲折し、俺が復帰する27話目まで家族関連のエピソードは放置されていた。なので氷室の話をスピンオフでやるということになったとき、「一度ここで子供や奥さんのことを取り上げるべきじゃないか」という話になったんです。泰風もファンの人から「家族の件ってどうなっているの？」と言われるらしいし。

鈴木　実際に多かったですよ、そういった疑問の声は。

辻　だったらいっそのこと、子供がさらわれたことにしよう。カミさんとは離婚していて、だから今までノータッチだったんだという設定が徐々にできあがっていったんですね。ヤマちゃん、鈴木さん、俺の3人の間で。

――伏線回収というわけですか。話を伺っていると、今回の映画は山口さんがキーパーソンのようですね。

辻　もともと「日本統一」というのは、ゴリゴリに当時の極道界をイメージしていたんです。組織が大きくなり、やがて日本を統一して天下を獲るというのが最初期の構想でしたから。だけどシリーズを重ねるごとにそこから逸脱していき、だんだんヤクザ作品というよりはダークヒーローものみたいなテイストになっていったんですね。そういう中でヤマちゃんが『THE

BATMAN-ザ・バットマン-』という映画を観て、「ああいうのがやってみたい」と言っていたんです。あの作品はダークヒーローもので、事件が起こって、バットマンが警察と一緒に捜査するといった内容なんですけど。今回の映画は、そのヤマちゃんの意見が下敷きになっているのはたしかです。

打ち上げでのトーク内容に台湾人スタッフも興味津々

――舞台を海外にすると決めたのは鈴木さんだったそうですね。どういう意図があったんでしょうか？

鈴木　一番大きいのは画変わりです。いつもとは違う新鮮な舞台にしたかった。台湾の映画業界には個人的に繋がっている人も多いので、それで協力を得られることも大きかったです。韓国という選択肢もあったんですけど、スタッフのギャラの問題などもありました。台湾は親日だし、制作を進めるうえで環境が揃っていました。

――映画は単に場所が日本から変わるだけでなく、台湾マフィアの歴史的背景や台湾警察の腐敗ぶりも描かれています。こうした要素は、考証をしっかり固めないといけなかったはずです。

鈴木　仰る通りですが、そのあたりは辻監督がしっかりやってくれました。

辻　「日本統一」ではいつも、その時々の社会問題を盛り込むことを心がけているので、自分なりに勉強しましたよ。資料を読み込んだり、台湾マフィアの映画をいろいろ観たり。最近の台湾は選挙のことで騒ぎになっていますけど、そういった情勢も一応は押さえなくちゃいけないですし。台湾マフィアについて調べていくと、〝大陸と仲よくしたい派〟と〝独立したがっている派〟があることがわかったんです。

――映画を観て、台湾の裏社会についても学べた気がします。台湾の街中でも撮影されていましたが、許可取りとか大変だったんじゃないですか？

鈴木　向こうの制作チームが許可取りに関しては動いてくれました。大きかったのは、国がきちんと映画制作のバックアップをしてくれること。だから警察署内を撮影するのも可能だったんです。日本では、まず考えられないですよね。衣装を借りるときも、向こうの制作会社が非常に協力的でした。もちろんそれでも日本とは勝手が違うので、僕としては苦労もしましたけど。

――言葉の壁もあるでしょう。

鈴木　驚いたのは協力してくれた台湾の映画会社が結構大きな作品を作っているところなんですけど、その会社の方が「日本統一」の大ファンだというんです。今回の制作で初めて向こうに行ったとき、「「日本統一」のプロデューサーが来たぞ！」って感じですごい人数が集まりましたから。「今度、こういう作品をやるんだ」みたいな話をしたら、「もう全然協力するから！」って大歓迎してくれました。そのへんはすごくラッキーでしたね。

――台湾人キャストの演技指導はどのように行ったんですか？　中国語でセリフを話されても、それの良し悪しは判断できないじゃないですか。

辻　今回、刑事役で出ている与座重理久という役者がいるんです。その高校生の息子がライオンといって、日本語も中国語もすごく流暢に話せるんですよ。しかも自主映画の主演を経験した役者でもある。ちょうど彼の学校が夏休み期間だったので、「お前、現場につけよ。俺の助手としてやってほしい」って口説きましてね。ずっと俺の横で見ていて、役者が中国語で芝居し始めたら「どう？」って俺はライオンに聞く。すると「う〜ん、ちょっと違うかな」とか言って、俺の代わりに伝えてくれるわけ。彼にはものすごく助けられましたよ。

――単なる通訳ではなく、芝居もわかるのは心強いですね。

鈴木　たまたまなんですけど、今回は日本語を話せるスタッフが結構いたんですよね。それで制作がスムーズに進んだという面はあります。

辻　そういえば台湾スタッフのリーダーであるリュウくんも、10年くらい林海象監督のもとで修業していたらしいんです。言葉の問題だけじゃなくて、日本の映画の作り方や日本人の考え方も熟知しているから話が早かったですね。自分はこれまで海外ロケを5〜6回やっているんですけど、今回の映画が一番撮りやすかったです。もう楽勝でした（笑）。

鈴木　それはよかった。こっちは組むのが大変でしたけどね（苦笑）。

辻　いつも海外ロケをやると、何かしら予期せぬトラブルが起きるものなんですよ。それで撮りこぼしが出て、結局、日にちが伸びたりする。だから今回も、せめて3日は予備日を押さえておいてくれって頼んだの。そうしたら、予備日なんてまったく必要なかった。おかげで3日間たっぷりと休んで、英気を養えました（笑）。

――「日本統一」のスタッフは、昔気質の飲みニケーションを行うという噂があります。台湾でも派手に打ち上げをやっていたんですか？

鈴木　僕は毎日行っていました。

辻　俺は八角（香辛料）の匂いがどうも苦手でね……。「いってらっしゃい」って感じで見送っていた（笑）。

鈴木　飲みの席は台湾人スタッフもいるんだけど、ノリは日本にいるときと変わらなかったですね。みんなでワイワイガヤガヤ騒いで、それこそ野郎ばかりの部活みたいな雰囲気。

――日本vs台湾で演技論を戦わせたりする局面は？

鈴木　ない、ない（笑）。仕事の話題なんて一切出ないですから。中身のないことばかり話していましたよ。撮影は台湾と日本の両方でやったので、彼らも日本にやって来たんですね。そのときの打ち上げでも本当にバカバカしいことばかり話していたなぁ（笑）。

辻　あと向こうで飲んでいて驚いたんだけど、台湾の出演者の中には有名なタレントさんもいたんですよ。普段は大きな仕事ばかりをやっていて。街を歩いていても、みんなから声を掛けられていましたし。

辻　氷室に向かって「おい、財布をよこせ」って絡む不良役の方も、台湾だとアイドルみたいな扱いでしたね。映画祭とかにもノミネートされていたり。向こうは「ぜひ出させてください！」って言うんだけど、「こんな役で本当にいいの？」って恐縮しちゃうくらいですよ。あとは大谷主水っていう台湾で活躍している役者がいるんですが、彼は日本でいうとボビー・オロゴンさんみたいな台湾における有名外国人タレントでしたし。〝実は大物〟という登場人物が多いのも、この映画の特徴かもしれない。

こんなに面白いんだから もっと多くの人に観てほしい

――これまで様々なところで語られてきたテーマですが、「日本統一」躍進の理由はどこにあると思いますか？

鈴木　ひとつの映像作品を作るにあたって、当たり前だけどクリエイターが集まるわけじゃないですか。でもクリエイター集団って、ともするとクリエイターファーストになりがちなんですよ。観る側がきちんと理解できる、わかりやすい作品作りがおろそかになってしまう。「日本統一」で心掛けているのは、たくさんの人に観てもらえるシリーズにするということなんです。誰でも入り込める作品にしたいので。たしかに「日本統一」も最初はゴリゴリの任侠ものでした。でも、途中からは「観やすい作品じゃないとダメだ」という考えを徹底させました。

――途中から路線が変わっていったのは、そうした理由もあるんですね。

鈴木　あと僕が最初から監督やスタッフにお願いしていたのは、〝引き算〟のできる作品作り。たとえばですが、無駄な暴力シーンや無駄なエロシーンを排除したかった。もちろん暴力やエロが好きな層もいるだろうけど、そうじゃない人は引いちゃいますから。

――鈴木さんは「日本統一」シリーズに途中参加した格好ですよね。つまり鈴木体制になってから、今のように幅広い層に受け入れられるようになったということでしょうか？

鈴木　そうかもしれません。正直、最初は現場からの反発もありましたけどね。でも僕としては、「日本統一」という作品のステージを1段階上げたかったんですよ。これだけ面白い内容なんだから、もっと多くの人に愛されてしかるべきだと考えていたんです。そのためには、変えるべきところは変えなくちゃいけないわけで。

――覚悟を持って、現在のカジュアル

路線に舵を切ったわけですか。

鈴木　その点、辻さんは結構すんなり対応してくれたから助かりました。

辻　まぁ俺の場合、こだわりがあまりないからね（笑）。

――辻監督は、これまでハードな実録ヤクザ映画も数多く撮ってきました。それらの作品と「日本統一」との違いはどのへんにありますか？

辻　いわゆる実録ものというのはモデルになった人たちがいて、作っていると彼らからいろいろ指摘されるんですよ。「実際はそうじゃない」とかって。そうした声に従っていると、それが好きなマニアの人たちは飛びついてくれるんだけど、どんどんニッチな方向に進んでいくんですね。そのコアなファンっていうのは人数がとても多いというわけではないので、売れる数もおのずと限られてくるんです。

鈴木　それはすごくわかりますね。

辻　たとえば「●●組関連の作品だったら必ず観ます」という人がいても、逆にその組織に関心がない一般の人は見向きもしないわけじゃないですか。儲けや売り上げが出せないと、予算も計上できない。自分も今まで予算がどんどん少なくなる中で、ずいぶんと苦しい思いをしてきたんですよ。おかげで速撮りとか、予算を使わないで済む方法ばかり上手になりましたけど（笑）。いずれにせよ、このままだと袋小路だから、何か手を打たなくてはいけないという気持ちはあったんです。

――それは現実の極道社会の規模の縮小とも関係あるのでしょうか？

辻　いや、もちろん今だってそういったジャンルが好きな人は一定数いるんです。でも、その人たちに刺さるような内容にしすぎて、自分たちで首を絞めたという面もありまして。そこは反省点ですね。俺はこう見えてＳＮＳの反応とかも結構気にするほうなんです。

鈴木　それは意外ですね。

辻　ネットを見ると、氷室と田村の関係にＢＬ的な魅力を感じている女の子とかもいるわけです。「えっ、そういう見方もあるの!?」って驚くと同時に、うれしくなりますよね。「だったら、もっとそっちに寄せて作ってみようかな」とも考えますし。今までは任侠系Ｖシネマなんていったら、ゴリゴリのヤクザ好きしか手に取らないジャンルだったわけですから。

――とはいえ、同じヤクザ作品でも撮るときに違う筋肉を使うのでは？

辻　そういう意味でいうと、自分はもともとコメディでデビューした人間ですから。周囲から求められるからゴリゴリのヤクザ作品をたくさん撮ってきましたけど、意識としては硬軟どっちも対応できるつもりです。そこは今後も柔軟にいきたいですね。

鈴木　本宮さんも山口さんも柔軟ですよね。「任侠作品は、かくあるべし」みたいな頑固さがなくて。

――「日本統一」は、チームの結束が固いこともよく指摘されます。

鈴木　僕は立場上いろんな組（制作班）に顔を出していますけど、チームワークでは「日本統一」の組がズバ抜けてナンバーワンですね。もう全然違います。これは単に仲がいいという話でもなくて、信頼し合っているからこそ、互いの領域に入ってこないんです。監督だったら監督、主演だったら主演、照明だったら照明と、それぞれがプロの仕事に徹している。職人集団ですよ。チームワークとして完璧ですから。

辻　俺が他の現場と比べて思うのは、「日本統一」のスタッフは年寄りばっかり（笑）。でもだからダメという話では決してなくて、それでスムーズに回るんです。よく「なんで「日本統一」はあんなに速く撮れるんですか？」とか聞かれるんだけど、別に特殊なことはやっていないんですよね。昔ながらの方法を愚直に続けているだけ。それこそ昔はフィルム代をケチって、本当に使う部分しか撮らないようにしていたわけです。編集段階で切って捨てることになるなら、最初から余計なことはしないほうがいいので。

――デジタル全盛の時代にあっても、アナログの方法論を踏襲しているということですか？

辻　そういえば、この前は「日本統一」の現場で還暦祝いをしてもらったな（笑）。その雰囲気も、今の撮影現場だと珍しいと思うんですよ。昔は撮影所というシステムがあり、撮影が一段落するとスタッフルームに一同が集まって酒を飲んだりしていたんですけど……。「日本統一」の現場は爺さん連中ばかりだし、新しいことは何もやっていないけど、それがプラスに働いているのかもしれない。

鈴木　それと僕が強く感じるのは、みんな「日本統一」という作品が心から好きなんですよね。適当にやっている人間がいないから、自然と制作現場も熱を帯びるんだと思います。

――では最後に改めて映画『氷室蓮司』をどう楽しんでもらいたいか、メッセージをお願いします。

鈴木　この映画の見所は、氷室蓮司のカッコよさ！　ズバリ、そこに注目していただけたらと思います。一口に「カッコいい」と言っても、世の中にはいろんな種類のカッコよさがあるじゃないですか。中にはカッコ悪さをさらけ出すことが、カッコよさに繋がることってありますし。今回の氷室からは、いろんな意味での男のカッコよさが滲み出ています。

辻　本編のナンバーシリーズにおける氷室は、存在がスーパーなんです。常人離れしていると言ってもいいかもしれない。だけど今回は氷室の非常にパーソナルなプライベートにまで踏み込んでいるし、子を持つ父親として慌てふためくような場面もある。その〝人間・氷室蓮司〟としての深みを感じていただきたいです。

鈴木　あとは氷室をバックアップする周囲の人間模様も見所かな。僕は作っている立場ですけど、観ていても結構ゾクゾク来るものがありますから。特に田村ですよね。本宮さんと山口さんがプライベートでのつき合いがすごく長いこともあって、あの２人にしか出せない独特の雰囲気が感じられるはずです。

辻　少しネタバレになってしまうかもだけど、映画の中で氷室は敵からいろんな質問を投げかけられるんです。「初めて子供を抱いたのはいつだ？」とか「何をプレゼントしたんだ？」とか。最後の質問で「お前の犯した罪を告白しろ」というのがあって、結局、氷室はこの答えが自力では見つけられなかったんですね。

――氷室の葛藤が伝わってくる非常に印象的な場面です。

辻　「お前の犯した罪」の答えについては映画を観てほしいんですけど、実を言うとそれは俺自身の家族に向けた懺悔でもあって……。

鈴木　えっ、そうなんですか！　ということは、氷室蓮司のモデルは辻監督ってことじゃないですか（笑）。

辻　それはどうだろう……。ファンの夢を壊したくないから、真相は藪の中ということにしておきます（笑）。

Profile
Hiroyuki Tsuji
1963年5月23日生まれ。神奈川県出身。1993年 Vシネマ『銀玉命!銀次郎2』で監督デビュー。『凶銃ルガー P08』『広島やくざ戦争』『修羅の群れ』など200本以上の監督、プロデューサー、脚本家としても活躍。

Profile
Yusuke Suzuki
株式会社ライツキューブ常[illegible]役。「日本統一」シリーズを大ヒットに[illegible]、エグゼクティブ・プロデューサーとして、新人監督からベテラン監督の作品まで幅広く参加。『ベイビーわるきゅーれ』『夜明けまでバス停で』『生きててごめんなさい』『静かなるドン』『かかってこいよ世界』など様々な作品に関わる。

special photography

Yoshiyuki Yamaguchi / Yasukaze Motomiya

映画 氷室蓮司 HIMURO RENJI 日本統一

公式ビジュアルブック

撮影／藤本和典

スタイリスト／荒川小百合、ヘアメイク／坂口佳那恵

映画
氷室 HIMURO RENJI 蓮司
日本統一
公式ビジュアルブック

BOOK STAFF

撮影：三宅英文
大蔵俊介（P.54-61）
藤本和典（P.6-13、P.78-95）
後野順也（P.50-53、P.62-65、P.72-77）

制作協力：2024「氷室蓮司」製作委員会
辻裕之
鈴木祐介・堀畑絵梨香（ライツキューブ）
槙永融美・大竹瑠美（トリプルエー）、鳥居紀彦（トライストーン・エンタテイメント）、
土屋勇（TRUSTAR）、大崎麻知子（Lucolort）

デザイン：國吉卓

プリンティングディレクター：井上優、澤田將、松崎則和（TOPPAN 株式会社）

編集：重兼嘉夫、安達大樹（秋田書店）
編集協力：織田剣太朗、井筒隆平（秋田書店）

映画
「氷室蓮司」日本統一公式ビジュアルブック

2024 年 3 月 15 日第 1 刷発行

発行人：牧内真一郎
発行所：株式会社　秋田書店
〒102-8101 東京都千代田区飯田橋 2-10-8
TEL：03-3265-7362（編集部）、03-3264-7248（販売部）、03-3265-7373（製作部）
印刷所：TOPPAN 株式会社

AKITASHOTEN 2024 Printed in Japan
ISBN 978-4-253-01124-2　C0076